PLANETA ANIMAL

EL JAGUAR

POR VALERIE BODDEN

CREATIVE EDUCATION · CREATIVE PAPERBACKS

Publicado por Creative Education
y Creative Paperbacks
P.O. Box 227, Mankato, Minnesota 56002
Creative Education y Creative Paperbacks son marcas
editoriales de The Creative Company
www.thecreativecompany.us

Diseño de The Design Lab
Producción de Chelsey Luther y Rachel Klimpel
Editado de Alissa Thielges
Dirección de arte de Rita Marshall
Traducción de TRAVOD, www.travod.com

Fotografías de Alamy (Ammit, Nature Picture Library,
Panther Media GmbH), Corbis (Frans Lanting),
Dreamstime (Stef Bennett), Getty (Steve Winter), iStock
(EvergreenPlanet), Minden Pictures (Gerry Ellis), National
Geographic (SA Team/FOTO NATURA/Minden Pic,
Nature Picture Library (Andy Rouse), Photo Researchers,
Inc. (Mark Newman, Millard H. Sharp), Shutterstock
(Ammit, Anan Kaewkhammul, Travel Stock, Waldemar
Manfred Seehagen)

Library of Congress Cataloging-in-Publication Data
Names: Bodden, Valerie, author.
Title: El jaguar / by Valerie Bodden.
Description: Mankato, Minnesota: Creative Education and
Creative Paperbacks, [2023] | Series: Planeta animal |
Includes bibliographical references and index. | Audi-
ence: Ages 6–9 | Audience: Grades 2–3
Identifiers: LCCN 2021061060 (print) | LCCN
2021061061 (ebook) | ISBN 9781640266742 (hard-
cover) | ISBN 9781682772300 (paperback) | ISBN
9781640008151 (ebook)
Subjects: LCSH: Jaguar—Juvenile literature.
Classification: LCC QL737.C23 B6426418 2023 (print)
| LCC QL737.C23 (ebook) | DDC 599.75/5–dc23/
eng/20211222
LC record available at https://lccn.loc.gov/2021061060
LC ebook record available at https://lccn.loc.
gov/2021061061

Tabla de contenido

El jaguar es el tercer felino más grande del mundo. Solo el león y el tigre son más grandes que él. La palabra jaguar significa "bestia que mata con un solo salto".

El jaguar es el felino más grande del continente americano.

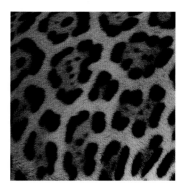

Las rosetas de cada jaguar son únicas.

La mayoría de los jaguares tienen un pelaje color naranja, amarillo o beige, con marcas negras llamadas rosetas. Las rosetas tienen líneas y puntos en su interior. Algunos jaguares tienen pelaje negro y rosetas negras. Los jaguares tienen garras y dientes afilados. Sus pies están acolchonados. Esto les ayuda a acercarse sigilosamente a su **presa**.

presa animales que otros animales matan y comen

Los machos pueden pesar hasta 220 libras (100 kg). Las hembras suelen ser más pequeñas. Los jaguares tienen cuerpos largos. Sus colas pueden medir casi tres pies (0,9 m) de largo. Los jaguares saltan muy bien. ¡Pueden brincar 20 pies (6 m) de un salto!

Los jaguares miden unos 2,5 pies (0,8 m) de alto.

Los bosques con muchas plantas facilitan que el jaguar se esconda.

Los jaguares viven en México, Centroamérica y Sudamérica. La mayoría de los jaguares viven en **selvas tropicales** o en **pantanos**. Pero algunos habitan en desiertos calurosos y arenosos, o en áreas de pastizales secos.

pantanos zonas húmedas, lodosas, con muchas plantas

selvas tropicales bosques con muchos árboles y mucha lluvia

Una de las presas favoritas del jaguar es el capibara. Los capibaras parecen cuyos grandes. ¡Los jaguares también comen monos, venados e incluso peces grandes!

La fuerte mandíbula del jaguar puede triturar huesos.

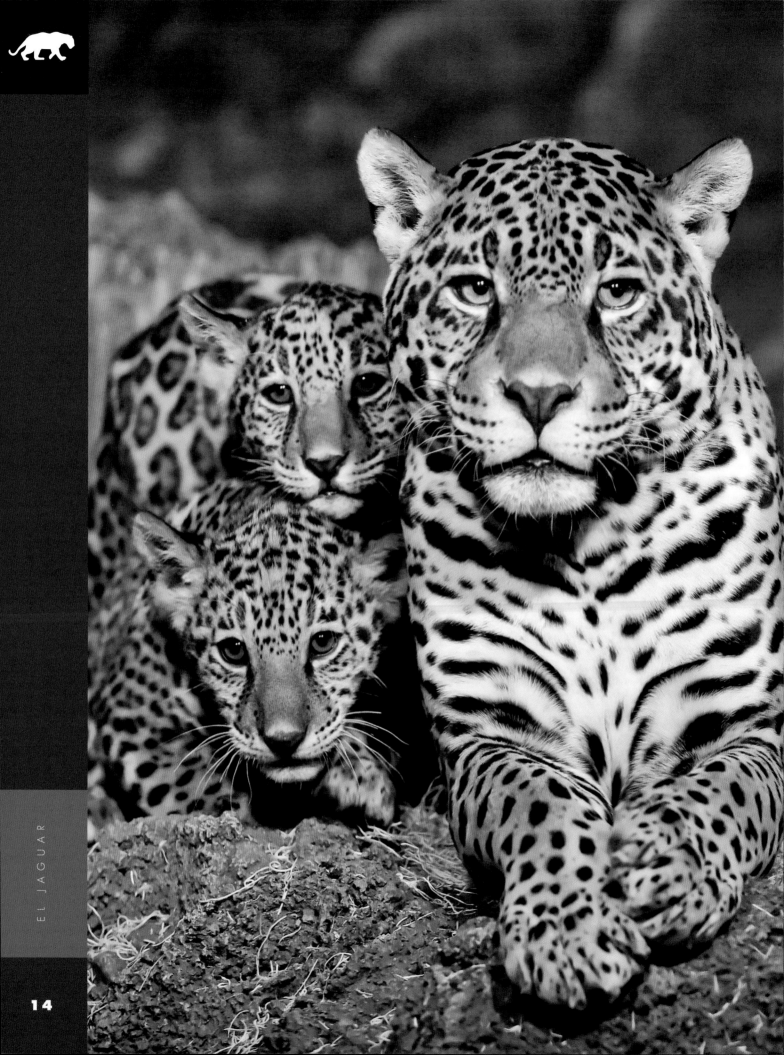

*Al nacer, los cachorros
no pueden ver.*

Las hembras tienen entre uno y cuatro bebés, o cachorros, a la vez. Los cachorros viven con la madre durante dos años. Los jaguares deben cuidarse de los cazadores humanos, de los **caimanes** y de las serpientes grandes llamadas anacondas. Los jaguares salvajes pueden vivir entre 12 y 15 años.

caimanes animales de la misma familia que los cocodrilos

El rugido del jaguar suena como una tos profunda.

Los jaguares adultos viven solos. Cada jaguar tiene su propio **territorio**. Los jaguares pasan mucho tiempo caminando por su territorio. Rugen y difunden su olor para alejar a otros jaguares.

territorio área donde habita un animal

Durante el día, los jaguares generalmente descansan. A veces, les gusta nadar. Los jaguares cazan mejor de noche. Pueden ver muy bien en la oscuridad.

Los jaguares son mejores nadadores que la mayoría de los demás felinos.

La gente ha cazado a los jaguares y talado las selvas tropicales donde viven. Pero muchos jaguares están resguardados en parques de conservación de vida silvestre. Algunas personas van a esos parques para ver a los jaguares salvajes. Otras, ven a los jaguares en los zoológicos. ¡Puede ser emocionante ver a estos grandes felinos comer, nadar y rugir!

A los jaguares jóvenes de los zoológicos les gusta trepar y jugar.

Un cuento del jaguar

En Sudamérica, la gente tiene un cuento sobre las rosetas del jaguar. Dicen que un **dios** del sol pintó a todos los animales. Usó carbón para pintar las manchas del jaguar. El jaguar quería presumir sus manchas. Pero se puso a correr demasiado pronto. Las manchas se difuminaron cuando él corrió. Y desde entonces, las rosetas del jaguar solo tienen unos cuantos puntos.

dios un ser que se cree que tiene poderes especiales y control sobre el mundo

Índice